LES ANGES DE GUÉRISON
L'ARCHANGE RAPHAËL

Cette édition française est publiée selon les accords de licence
entre Le Courrier du Livre /Exergue,
et Summit University Press.

Summit University Press
63 Summit Way, Gardiner, Montana 59030 U.S.A.
Tel 406-848-9500 – Fax 406-848-9555
Email: info@SummitUniversityPress.com
Web sites: www.SummitUniversityPress.com
www.SummitUniversity.org – www.SummitLighthouse.org

Traduction de Véronique Dumont

Titre original :
Ángeles de Curación - El Arcángel Rafael

ISBN 978-2-3618-8113-9

www.editions-tredaniel.com
info@guytredaniel.fr

Elizabeth Clare Prophet

LES ANGES DE GUÉRISON

L'ARCHANGE RAPHAËL

ÉDITIONS
EXERGUE
27, rue des Grands-Augustins
75006 Paris

INTRODUCTION

Ce livre est tiré d'une série de conférences données par Elizabeth Clare Prophet sous le titre : COMMENT AGIR EN ACCORD AVEC LES SEPT ARCHANGES, NOS GUIDES, PROTECTEURS ET AMIS.

Grâce à cet ouvrage, vous allez apprendre à mieux connaître l'Archange Raphaël et savoir comment collaborer avec ses légions d'anges afin que ceux-ci vous protègent – vous, mais également vos proches et tous ceux qui requièrent un soutien.

Les sept rayons spirituels de l'arc de Lumière abordent tous les aspects de la conscience divine et correspondent aux sept centres majeurs d'énergie du corps ou chakras. Dotés chacun d'une fréquence et d'une couleur spécifiques, ils représentent l'unique chemin vers la maîtrise. Le cinquième rayon qui nous intéresse ici est celui de la santé, de la science, de la musique, des mathématiques et de la prospérité.

LES ANGES DE GUÉRISON

Il existe toutes sortes d'anges : les anges gardiens, les anges guérisseurs qui veillent également au maintien de la santé, les anges de la conception et de la gestation, les anges architectes, inspirateurs des plus beaux édifices, les anges protecteurs, mais aussi les anges du bien-être, de la sagesse, de l'esprit pratique, de l'amour et de la compassion.

Vous allez découvrir ici les anges de la guérison, reliés au cinquième rayon de la Lumière de Dieu. Ce rayon vert ou rayon de la santé, de la science, de la musique, des mathématiques et de la prospérité est perçu le plus distinctement le mercredi, jour où les églises dédient de nombreux offices à la guérison.

Beaucoup le privilégient car il est révélateur de la vision divine et permet de glorifier la vie terrestre grâce à nos efforts, nos prières et notre assiduité. Il correspond au troisième œil ou chakra de l'esprit (on l'appelle également le chakra frontal), situé entre les sourcils.

LA REINE DES ANGES

J'aimerais vous parler ici de Raphaël, l'archange du cinquième rayon, et de son complément divin, Marie, mère de Jésus, également connue sous le nom de Reine des anges.

Comment la Reine des anges est-elle devenue la mère de notre Seigneur ou, inversement, comment la sainte Mère de notre Seigneur est-elle devenue la Reine des anges et l'Archée ou complément divin de l'Archange Raphaël ?

L'existence des archanges est aussi immémoriale que celle de Dieu et leur présence éternelle dans l'univers ne peut se mesurer en années ou cycles de la terre ou du soleil.

Dès l'instant où Dieu créa les archanges, la sainte mère de notre Seigneur devint le complément de Raphaël. Mais comment est-elle devenue la mère de notre Seigneur ? Alpha et Oméga, nos père et mère divins, convoquèrent Raphaël et Marie devant l'autel de Dieu, dans le Grand Soleil central, afin de les charger d'une mission : si elle l'acceptait, Marie devait s'incarner humainement pour devenir la mère de Jésus-Christ tandis que Raphaël devait demeurer dans le ciel et veiller pour elle à l'équilibre pendant son séjour sur terre.

Elle s'incarna aussitôt et enfanta notre Seigneur Jésus-Christ. Certains rapportent qu'elle a eu d'autres d'incarnations précédant celle-ci et notamment au cours de l'âge d'or de l'Atlantide.

Ce que je sais, c'est que Jésus n'a pas eu qu'une vie à vivre mais qu'il en a vécu de nombreuses, tout comme nous avons vécu de nombreuses vies.

RETRAITES DU MONDE CÉLESTE

Les archanges disposent de retraites dans le monde céleste – royaume de lumière couronnant le monde dense – qui sont des sortes d'universités de l'esprit, semblables aux villes de lumière de l'âge d'or. L'âme de nombreuses personnes les rejoint au cours de leur sommeil. Les archanges, maîtres cosmiques qui nous illuminent afin que nous puissions accomplir nos missions, nous ouvrent les portes de ces retraites pour que nous étudiions sous leur direction.

Nous ne nous souvenons pas toujours de nos séjours dans ces retraites mais il arrive que nous nous réveillions avec le souvenir d'une expérience vécue. Souvent, nous l'assimilons à un rêve alors qu'il s'agit en fait d'une expérience réelle au cours de laquelle nous avons rencontré des êtres de lumière, maîtres cosmiques, anges et conseillers divins.

NOTRE MISSION TERRESTRE

Les personnes ayant vécu des expériences de mort imminente et rencontré ces êtres célestes dans un contexte qu'elles décrivent comme celui d'un tribunal suprême, rapportent que ces « juges » ont révisé leur vie. Chaque fois que notre vie s'achève, ces Seigneurs du karma préparent notre réincarnation dans un nouveau corps. Ils nous révèlent notre tâche pour notre vie future et leurs paroles restent gravées dans notre âme afin que nous puissions accomplir cette mission. Il se peut que, dans l'enfance, nous ayons envie de devenir policier, pompier, infirmier, médecin, etc., autant de désirs inexpliqués qui nous permettent de trouver la formation adéquate pour atteindre notre but.

Mais la tâche des Seigneurs du karma est beaucoup plus complexe. Parmi les nombreux ouvrages qui révèlent l'« entre deux » vies, certains relatent les histoires de personnes ayant été soumises à la technique de la régression. Celle-ci permet de se souvenir des expériences vécues dans une vie antérieure, ainsi que des conseils et des instructions qui leur ont alors été donnés. Cette technique permet également de connaître les futures épreuves initiatiques, les personnes que nous rencontrerons dans cette nouvelle vie et celles avec lesquelles nous devrons faire la paix. Elle nous révèle aussi qu'un seul chemin existe : le chemin de l'amour.

L'âme reçoit de multiples conseils mais le voile de l'oubli les dissipe à la naissance et beaucoup d'entre nous ignorent tout de leurs vies antérieures, de leurs séjours dans le ciel et de leur rencontre avec ces êtres de lumière. Ce voile de l'oubli constitue l'un des éléments majeurs qui m'ont incitée à multiplier les conférences et les séminaires afin d'aider les gens à se familiariser avec les anges, et accepter, aussi, le fait que nous avons tous un plan divin et pouvons devenir un maître ascensionné.

LES MAÎTRES ASCENSIONNÉS

Les Maîtres ascensionnés ont vécu dans notre monde avec leurs imperfections et ont souvent subi et traversé les mêmes épreuves que nous. Simplement, à un moment de leur vie, ils ont décidé de devenir Maîtres de leur destin, d'équilibrer leur karma et de mettre un terme au cycle de la réincarnation. Pour y parvenir, ils ont dû acquérir une discipline de vie et se soumettre à l'enseignement de certains Maîtres, qui leur ont permis de résoudre leur karma et de s'unir à Dieu. Ils n'ont pas quitté la terre pour autant et continuent à vivre parmi nous mais sur une fréquence supérieure à la nôtre, ce qui explique que nous ne les voyons pas. Afin de communiquer avec eux, nous pouvons réciter des prières et des mantras qui favorisent notre perception spirituelle et augmentent la lumière de nos chakras.

LES CHAKRAS ET L'ATMAN

Les chakras sont constitués de sept roues ou centres de lumière, partant de la base de la colonne vertébrale et remontant jusqu'au chakra de la couronne. Par ces centres spirituels, les archanges nous inondent de lumière divine et nous bénissent.

Comme nous l'avons déjà mentionné, nous pouvons accroître la lumière de nos chakras par la prière et la méditation. Afin d'étudier la méditation selon les traditions bouddhiste ou hindouiste, nombre d'entre nous ont suivi le sentier de l'Orient et beaucoup ont été séduits par le taoïsme.

Pour avoir souvent évoqué dans mes conférences le taoïsme, j'ai compris que cette religion « philosophique » permettait de mieux comprendre la signification des Saintes Écritures, des textes de Jésus-Christ et des textes gnostiques, et force est de constater qu'un fil conducteur unit les différentes religions du monde. Chaque fois que l'on parvient au cœur de l'une d'elles la lumière apparaît. Nous retrouvons l'Atman, présent dans notre cœur où Dieu a placé une réplique de lui-même.

Dans la terminologie chrétienne, nous l'appelons le Moi christique sacré ou Moi supérieur, qui n'est autre que l'image de Dieu à partir de laquelle Il nous créa.

Les retraites et universités de l'esprit de l'Archange Raphaël et de la Mère bénie, la Reine des anges, se trouvent au-dessus de Fatima, au Portugal. Marie est également présente dans le temple de la Résurrection, situé au-dessus de la Terre sainte.

L'ARCHANGE RAPHAËL

Le nom de Raphaël signifie « Dieu guérit » ou « médecine de Dieu ». Selon certaines traditions, il est l'ange de la science et de la connaissance, le gardien de l'Arbre de Vie dans le jardin d'Éden.

Certains textes juifs prétendent qu'il chassa les démons de la terre après le déluge et révéla à Noé les vertus curatives des plantes.

Beaucoup l'identifient à l'ange qui agita les eaux de la piscine de Bethesda où Jésus soigna un homme malade, et le « livre d'Énoch » le décrit comme l'ange qui fait siennes les maladies et les blessures des hommes.

Selon ce texte, il fut mandaté pour punir les anges rebelles et guérir la terre de leurs profanations. Il est également le guide des âmes qui se perdent en enfer.

Une tradition juive le reconnaît comme l'un des trois archanges apparus à Abraham dans les plaines de Mambré. Il serait aussi celui qui aurait permis à Sarah d'enfanter alors qu'elle avait dépassé l'âge de la procréation.

Enfin, selon l'une des écoles de la Kabbale, la tradition mystique du judaïsme, Raphaël incarne le huitième Sephiroth, Hod, qui signifie « Majesté et splendeur », chacun des dix sephiroth, émanations de l'énergie divine, représentant les différentes puissances créatrices de Dieu.

LES ANGES DÉCHUS

Curieusement, l'imposteur de Raphaël dans la fausse hiérarchie est Samaël, dont le nom signifie « venin de Dieu ».

Parfois, Dieu alourdit le karma de ceux qui refusent d'écouter les archanges et qui ignorent leurs avertissements et leurs prophéties. Parfois aussi, Il permet aux anges déchus de semer le chaos et de soumettre l'homme à des épreuves. Ainsi, si nous ne tirons pas d'enseignements des anges de lumière, nous les tirerons des démons.

La tradition raconte qu'Il n'intervint pas lorsque Satan tenta Job, parce qu'il voulait laisser à cet homme qui n'avait jamais commis une seule faute la possibilité de prouver sa droiture. De la même manière, Il autorise Samaël à alourdir le karma de ceux qui sont vulnérables. Pourquoi certains d'entre nous sont-ils sensibles à ce « venin de Dieu »? Parce que nous nous sommes écartés du chemin de l'obéissance et refusons de nous plier aux lois divines, fragilisant ainsi notre karma. Nous sommes aussi vulnérables lorsque nous n'acceptons pas la grâce de Dieu qui nous permet de nous repentir de nos actes avant de recevoir le châtiment divin de la main d'un ange déchu.

Le nom même de Samaël définit son rôle et il est aisé de l'imaginer répandant frénétiquement le « venin de Dieu » sous forme de virus, de bactéries, de maladies mortelles, comme le cancer et plus récemment le sida.

Le démon qui s'oppose à Raphaël est Adramelech, dont le nom signifie « connétable de l'enfer ». Après la grande rébellion révélée dans le chapitre 12 de l'Apocalypse, l'Archange Michel chassa Lucifer et ses anges sur la terre, où ils furent revêtus de corps physiques, de forme humaine, pour les punir de s'être soulevés contre la Femme et sa descendance.

La guerre déclarée entre les anges et les démons se poursuit aujourd'hui sur la terre. Si elle est invisible, nous en ressentons les effets et sommes témoins de cette lutte engagée contre les enfants. Confrontés à des expériences sexuelles de plus en plus précoces, ceux-ci se révèlent les cibles parfaites de l'industrie du tabac et de la drogue, et d'un système éducatif qui manipule leurs cerveaux, les prive des outils nécessaires pour appréhender la lecture et la culture, et dans lequel l'estime de soi est totalement banni.

Cette guerre contre les esprits et la jeunesse du monde existe bel et bien. Bien sûr, elle n'est due ni aux anges, ni à ceux qui suivent le chemin de Dieu et sa Lumière. Il nous incombe donc de déterminer le coupable. Les livres d'Énoch et de l'Apocalypse ainsi que certains textes anciens nous expliquent que ces anges déchus se trouvent sur la terre, qu'ils défient la Lumière et adoptent la cause des Ténèbres.

Le poète Henry Wadsworth Longfellow décrit l'Archange Raphaël, dans *La Légende Dorée* comme l'Ange du Soleil, souvent représenté dans les tableaux en sandales, un bâton de pèlerin à la main. Avant le XVIe siècle, les manifestations d'adoration à Raphaël étaient rares et elles n'apparaîtront véritablement qu'après le XVIIe siècle.

La fête de Raphaël est célébrée le 24 octobre.

LE LIVRE DE TOBIE

Raphaël est considéré comme le patron des anges gardiens et des voyageurs, un rôle que nous révèle un texte du livre de Tobie.

Ce livre existe dans la Bible mais également dans les livres apocryphes des traditions juive et protestante. Les érudits estiment qu'il aurait été écrit au IIIe siècle avant J.-C. afin d'encourager les Israélites au cours de leur exil, époque à laquelle se serait accrue la vénération pour les anges, selon le judaïsme.

Dans le livre de Tobie, Dieu charge Raphaël d'atténuer la souffrance d'une famille israélite pieuse en exil et d'accompagner le jeune Tobie dans son voyage. Au XVe siècle, Francesco Botticini peignit ce voyage dans une œuvre appelée *Les Trois Archanges avec Tobie*. Sur cette toile où il est entouré d'un côté de Gabriel, de l'autre de Raphaël et de Michel, Tobie ne paraît nullement impressionné de marcher aux côtés de trois archanges. Tous quatre parlent avec quiétude comme de simples promeneurs. Cette image paisible est celle que je souhaite vous offrir afin que vous ressentiez la même sérénité de les savoir à vos côtés.

Les archanges peuvent accomplir pour nous une multitude de tâches. Vous pouvez demander à leurs légions de résoudre des problèmes politiques, économiques et criminels, de faire en sorte que des décisions plus justes soient prises dans les tribunaux. Dieu les a créés pour servir ses fils et ses filles et si vous vous sentez suffisamment confiant pour leur révéler vos inquiétudes et leur ouvrir votre cœur, vous m'en verrez comblée, car cette attitude répond précisément à la volonté divine.

Le livre de Tobie nous conte l'histoire du jeune Tobie envoyé par son père aveugle, Tobit, dans une ville lointaine afin de recouvrer une dette. Déguisé en voyageur, Raphaël se proposa de lui servir de guide et partit avec le jeune homme et son chien. À la fin de la première nuit, alors que Tobie se lavait dans une rivière, un poisson l'attaqua. Raphaël lui conseilla de l'attraper, de lui arracher le cœur et le foie et de les conserver ainsi que sa bile. Tobie s'exécuta et emporta ces organes avec lui dans leur long voyage jusqu'en Médie, à l'est de l'Assyrie.

Au cours du trajet, Raphaël lui expliqua que l'un des parents proches dont il allait faire connaissance dans cette ville, Sarra, était sa promise. Tobie protesta car les sept maris précédents de Sarra étaient morts au cours de leur nuit de noce par la faute du démon Asmodée. Raphaël confia alors une formule à Tobie en lui promettant qu'il pourrait grâce à elle exorciser le démon.

« Quand tu entreras dans la chambre nuptiale, tu prendras le cœur du poisson et une partie de son foie, et tu les déposeras sur les braises de l'encens. Leur arôme se répandra autour de vous. Lorsque le démon le sentira, il s'enfuira et plus jamais n'apparaîtra. »

L'audacieux Tobie épousa Sarra, pénétra dans la chambre nuptiale avec le cœur et le foie du poisson et suivit à la lettre les instructions de Raphaël tandis que le père de Sarra creusait déjà une tombe à son intention. Mais la prophétie de l'ange se réalisa : la puanteur du poisson fit fuir le démon jusqu'en Égypte, où Raphaël le rattrapa et l'enchaîna.

Les parents de Sarra, comblés que Tobie ait survécu au sortilège qui pesait sur leur famille, offrirent au jeune couple la moitié de leurs possessions et organisèrent une grande fête pour célébrer leur mariage. Au cours de cette célébration, Tobie envoya Raphaël récupérer l'argent de Tobit. Après quatorze jours de festivités, les jeunes mariés et l'archange repartirent pour la maison de Tobit.

Sur le trajet, Raphaël suggéra à Tobie de prendre de l'avance sur sa femme pour tranquilliser ses parents qui devaient être inquiets et craindre qu'il leur soit arrivé quelque chose. Il promit aussi à Tobie que son père recouvrerait la vue. Pour cela, il devait lui enduire les yeux de la bile du poisson : « Le remède réduira les taches blanches qui tomberont alors comme des écailles. Ainsi, ton père verra à nouveau la lumière. »

Dès son retour chez lui, Tobie suivit le conseil de Raphaël et la prophétie se réalisa. Les écailles tombèrent des yeux de son père qui s'exclama : « Je te vois, mon fils, lumière de mes yeux ! »

Comme preuve de sa gratitude, Tobie offrit la moitié des ses nouvelles possessions à Raphaël mais celui-ci les refusa et lui dit, ainsi qu'à son père : « J'ai été envoyé par Dieu pour éprouver la foi de Tobie et pour guérir Tobit et Sarra. Je suis Raphaël, l'un des sept archanges omniprésents qui accèdent à la gloire du Seigneur. Je ne suis pas venu par bienveillance mais par sa volonté.

Priez-Le et remerciez-Le chaque jour. Je n'ai fait que suivre ses ordres. Transcrivez ce qui vous est arrivé. Je remonte vers Celui qui m'a envoyé. »

La morale de cette histoire pourrait être de ne jamais partir en voyage sans être accompagné de Raphaël !

MÉDITATION DU CHAKRA DU TROISIÈME ŒIL

Le chakra du troisième œil est le chakra où l'on se concentre sur la vision de Dieu. Pour renforcer cette vision, nous récitons le mantra suivant :

JE SUIS, JE SUIS et je vois tout,
Mon œil est unique quand j'appelle ;
Élève-moi et libère-moi,
Que je sois ta sainte image. (3 fois)

Quand nous disons «JE SUIS » ou « JE SUIS CE QUE JE SUIS », qui est le nom de Dieu, nous affirmons que Dieu est là où nous sommes.
JE SUIS signifie « Dieu est en moi... ».

Ce mantra détient un immense pouvoir : Dieu en moi voit tout. Tout, comme si nous étions revenu à la perfection originelle avec notre flamme jumelle. L'œil de Dieu est en moi et je regarde le monde avec le regard de la perfection divine. Je contemple tout et chacun dans le cosmos entier comme étant la création parfaite de Dieu.

Quand vous dites « mon œil est unique », vous proclamez la réalité de cette vision unique et absolue. Vous déclarez que le regard de Dieu est en vous, qu'il vous permet de discerner la réalité et de vous y accorder.

Dans ce mantra adressé aux archanges : « Élève-moi et libère-moi, Que je sois ta sainte image », c'est l'appel, le commandement. Et la réponse nous parvient par l'intermédiaire des anges de Dieu.

Quand nous disons « Élève-moi », nous signifions notre désir d'élever la lumière, notre âme et notre cœur jusqu'à Dieu. Nous désirons équilibrer nos sept chakras car chacun est comme une manifestation du Grand Tao – l'équilibre parfait du plus et du moins. Nous exprimons notre volonté d'élever la Kundalini, notre vibration et notre conscience, d'affirmer notre quête de la félicité, notre appartenance à Dieu et notre refus de laisser la dépression s'emparer de notre âme. Et grâce à la stimulation de notre esprit, de notre cœur, de nos études et de notre travail, nous pouvons offrir bien plus à notre communauté et notre famille.

La dernière ligne : « Que je sois ta sainte image… » signifie : « Je suis fait à l'image et à la ressemblance de Dieu et demande à l'Œil-de-Dieu-qui-voit-tout de superposer son image à chaque atome, cellule et électron de mon être, afin que je puisse me conformer au modèle originel à partir duquel je fus créé. » Le but du chemin spirituel est la restauration de l'âme et du lien de l'âme au Moi supérieur, auquel nous nous adressons comme le Moi christique sacré.

Ce mantra aide à instaurer ce lien et, pour que notre demande soit entendue, il importe de réciter des prières et des mantras dotés d'une profonde signification personnelle.

Lorsque vous connaîtrez ces quatre lignes, fermez les yeux, concentrez votre attention sur votre chakra frontal et visualisez l'Œil-de-Dieu-qui-voit-tout. La vision de nos deux yeux est toujours relative, toujours divisée, et notre objectif est de retrouver la vision divine originelle, la vision unique, absolue, qui permet de distinguer ce qui est réel de ce qui ne l'est pas, de comprendre qui nous sommes et où nous allons – autant d'éléments divins qui demeurent dans notre âme.

L'ŒUVRE DE L'ARCHANGE RAPHAËL

Raphaël et la Vierge travaillent tous deux avec les thérapeutes, les scientifiques et tous les professionnels de la médecine auxquels ils inspirent de nouveaux remèdes et des méthodes de soin alternatif.

Il existe de nombreuses formes de soin efficaces. Peu importe celle que vous choisissez, assurez-vous simplement de ne négliger aucune médecine traditionnelle. Face à un problème de santé grave, il importe en effet de prendre en compte toutes les alternatives. Grâce à la science médicale, Dieu nous a offert de formidables remèdes qui permettent aujourd'hui de prolonger la vie. Ce sont des grâces qui ont prolongé la vie au vingtième siècle et facilité notre vie quotidienne. Je vous le dis car certaines personnes très religieuses croient que seule la prière est suffisante. Les anges travaillent avec les professionnels les plus brillants pour obtenir les meilleurs résultats, pour soulager ceux qui souffrent. Face à des situations de vie ou de mort, à des interventions chirurgicales délicates, la prière joue un rôle essentiel, et prier à plusieurs en unissant nos cœurs peut faire pencher la balance du côté du salut.

Appelons les anges pour qu'ils épaulent les médecins, les chiropracteurs et tous les professionnels de la santé. Appelons Raphaël et ses anges car ce sont des maîtres chirurgiens, tout comme les séraphins de Dieu sont des guérisseurs d'élite. Ainsi, l'union de la terre et du ciel permettra de remporter la victoire. Il importe toutefois de déterminer qui consulter selon les cas – médecin, chiropracteur, acupuncteur ou toute autre personne qualifiée en médecine alternative – et la prudence souffle de recueillir l'avis de chacun de ces spécialistes.

Selon Raphaël, ses anges présents dans les facultés de médecine et auprès des scientifiques et des précurseurs de toutes les branches de la médecine, utilisent la « technologie au laser » pour pénétrer au cœur de la cellule [...], y instiller la flamme violette et la sceller dans « la forme-pensée de guérison ».

LA FORME-PENSÉE DE GUÉRISON

La forme-pensée de guérison est une figure créée par les archanges et composée de trois sphères concentriques – une sphère blanche centrale, entourée d'une sphère bleue, suspendue dans une sphère verte – capables de concentrer la lumière divine de guérison dans n'importe quelle partie du corps et de l'intensifier.

Comment utiliser cette forme-pensée de guérison? D'abord, avec votre chakra du troisième œil, visualisez les organes nécessitant des soins. La plupart d'entre nous n'avons pas des organes qui fonctionnent à leur capacité optimale. Peu importe l'organe que vous souhaitez guérir, vous avez besoin de vous procurer une image de cet organe. À cette fin, munissez-vous d'un livre d'anatomie conjointement avec vos outils de prière. Une fois l'organe ciblé, visualisez l'énergie de la forme-pensée de guérison et voyez-la pénétrer les cellules, les molécules et le noyau des atomes qui le composent.

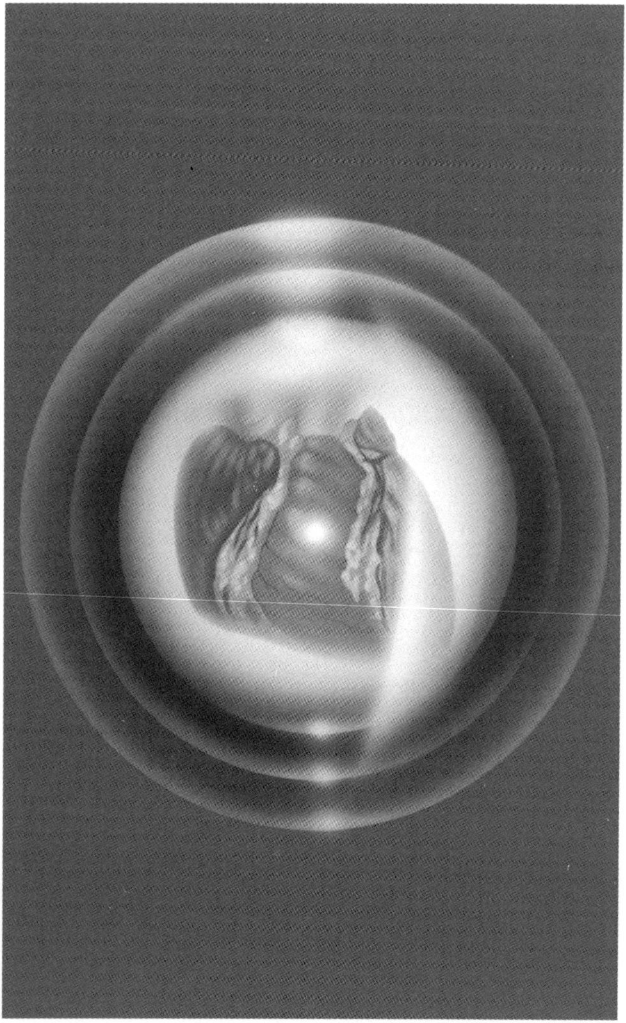

La forme-pensée de guérison

L'Archange Raphaël explique que, si nous souffrons ou si l'un de nos proches souffre d'une blessure ou d'une maladie, nous pouvons visualiser l'organe affecté et n'emplir de la lumière de la forme-pensée de guérison et rayonnant de flamme violette.

Les premiers instants suivant un accident sont décisifs : que vous soyez près du blessé ou à une distance lointaine, concentrez-vous sur les organes blessés en les imaginant en parfait ordre de fonctionnement. Visualisez intensément la forme-pensée de guérison lors de la crise initiale puis recommencez toutes les quinze minutes et ensuite toutes les heures ; gardez-la toujours à l'esprit et éliminez toute autre pensée.

Une fois que vous aurez acquis l'habitude de réciter ce décret du troisième œil à un certain rythme, vous augmenterez le dégagement du troisième œil et pourrez ainsi soutenir et amplifier le concept immaculé.

LE CONCEPT IMMACULÉ

Marie, la mère de Jésus, nous enseigne le principe du concept immaculé et comment le préserver, comment utiliser aussi notre troisième œil afin de discerner la perfection dans toute forme de vie. Lorsque nous regardons une personne avec cet œil empli d'amour qui n'est autre que l'œil de Dieu, nous distinguons ce qu'il y a de meilleur en elle, au lieu de la dénigrer, de la critiquer et de la juger. Ainsi, l'amour favorisera l'image de la perfection chez cet individu et l'aidera à l'atteindre.

Si un être cher a eu un accident et que nous prions pour sa guérison, il est essentiel de nous concentrer sur l'image parfaite du concept immaculé. Fixez-la (un peu comme si vous preniez une photo : si vous bougez, elle sera floue) et ne la quittez plus des yeux. Maîtrisez vos émotions et vos peurs, dites-leur :

« Apaisez-vous, sachez que JE SUIS Dieu ! ».

Ces paroles, qui sont les paroles de Jésus, sont essentielles pour empêcher l'énergie émotionnelle d'intervenir dans le délicat processus de guérison.

Répétez ensuite le mantra pour la vision du troisième œil. Il vous aidera à discipliner à la fois votre esprit et vos émotions.

Afin d'atténuer vos peurs et vos doutes, fermez la porte à vos angoisses et à tout ce que vous souffle votre esprit. Peut-être aurez-vous besoin de quiétude pour maintenir l'image de la perfection et la forme-pensée de guérison.

Privilégiez alors un lieu tranquille en vous répétant que vous êtes un alchimiste utilisant l'Esprit de Dieu, l'une des forces les plus puissantes de l'univers.

Vous renforcez ainsi l'action de la sphère blanche de la forme-pensée de guérison par les mantras et les décrets correspondants. Parmi ceux-ci, deux sont extrêmement efficaces : les mantras de la « Transfiguration » et de la « Résurrection ».

INVOCATION POUR LA GUÉRISON

Ce mantra est destiné aux personnes qui sont en état de crise. Récitez-le avec toute votre foi en commençant par cette invocation :

***Au nom de ma puissante Présence JE SUIS, au nom de mon Moi christique sacré, des anges gardiens et des légions de Raphael, de Mère Marie et de tous les anges de guérison, de l'Archange Gabriel, de l'Archange Uriel, de la résurrection et de la transfiguration, je récite ce mantra pour** [dites le nom de la personne ou : «**tous ceux qui ont été frappés par cet accident de voiture, d'avion, tous ceux qui étaient...** », décrivez la situation].*

Rappelez-vous que vous pouvez multiplier vos demandes et formuler cette requête non pas pour une seule personne mais pour dix mille. Une fois nommés celui ou ceux pour qui vous faites la prière, gardez ces personnes à l'esprit, projetez la forme-pensée de guérison sur tout leur corps où à l'endroit précis où ont eu lieu les dommages corporels les plus graves, puis vous ajoutez :

Au nom de Dieu, je récite ce mantra pour *[dites le nom de la personne ou décrivez-la si vous ne la connaissez pas].*

Récitez ensuite ce mantra avec l'autorité de la Parole de Dieu en vous.

MANTRA DE LA TRANSFIGURATION

JE SUIS, je change de vêtements,
Les anciens pour les nouveaux.
À la lumière de la conscience,
Je rayonne sur le sentier.
JE SUIS lumière intérieure,
JE SUIS lumière qui m'entoure ;
Viens, libère et glorifie-moi,
Scelle-moi, guéris, purifie-moi
Jusqu'à ce qu'on me dise transfiguré :
JE SUIS radieux comme le Fils,
Je rayonne comme le soleil !

(à réciter trois fois)

Utilisez le pouvoir de votre vision pour visualiser chaque parole prononcée. Imaginez le corps de la personne blessée en pleine lumière, étincelant comme le soleil.

MANTRA DE LA RÉSURRECTION

Jésus nous a offert ce mantra lorsqu'il a affirmé « JE SUIS la Résurrection et la Vie », par ce mantra vous invoquez la flamme de la résurrection.

Rappelez-vous que « JE SUIS » signifie « Dieu en moi est... ». Ainsi « Dieu en moi est la résurrection et la vie de... ». Nommez la personne concernée : « JE SUIS la résurrection et la vie de... untel » et visualisez la flamme de la résurrection autour de cette personne. Sa couleur est le nacre, tous les rayons de l'arc en ciel sont réunis dans cette flamme nacrée.

Si vous les répétez, vous découvrirez que les paroles du Christ ont un pouvoir immense. Lorsque le Fils de Dieu les prononça, le souffle qu'il exhala se répandit sur la terre où il perdure encore. Ses paroles sont gravées dans l'éther et son pouvoir descend sur nous et nous enveloppe dès que nous les prononçons.

Il est également possible de dire : « Au nom de Jésus Christ, JE SUIS la Résurrection et la Vie, la vue et l'ouïe parfaites de [citez la personne] », puis récitez le mantra de la résurrection :

RÉSURRECTION

JE SUIS la flamme de résurrection,
Brillante de lumière divine,
Le JE SUIS qui élève l'atome ;
De toute ombre JE SUIS libre.
JE SUIS lumière et Présence de Dieu,
JE SUIS libre à jamais.
La flamme de la vie éternelle
M'élève vers la victoire.

(à réciter trois fois)

Lorsque vous prononcez ces mots, croyez de tout votre être en la guérison de l'être aimé. Ne nourrissez aucun doute car les anges de guérison et de la résurrection ont déjà commencé leur travail.

Ces deux mantras s'utilisent pour le renforcement de la sphère blanche.

MANTRA DE LA PERFECTION

Vous devez ensuite consolider la sphère bleue avec le mantra pour invoquer la perfection et la direction divines afin de réparer et guérir le corps. Lorsque nous le récitons, nous demandons l'union de la volonté divine et de la matrice originelle de la personne. C'est le rôle de la sphère bleue dans la forme-pensée de guérison. Elle soutient ainsi la matrice originelle afin de guérir l'organe endommagé et faire qu'il fonctionne à nouveau normalement. Récitez ce mantra au nom de Jésus-Christ pour la personne concernée :

PERFECTION

JE SUIS la vie régie par Dieu,
Brille en moi ta vérité.
Concentre la perfection de Dieu,
De toute discorde libère-moi.
Maintiens-moi à jamais ancré
Dans la justice de ton plan ;
JE SUIS la présence de perfection
Vivant la vie de Dieu en l'homme !

(à réciter trois fois)

Chaque fois que vous le récitez, vous pouvez monter d'un ton car vous cherchez à élever la vibration de cette personne souffrante, de sorte qu'à la répétition suivante vous ajoutez un demi-ton. Rappelez-vous encore une fois que vous êtes un alchimiste. Priez à votre rythme afin que cette prière devienne la vôtre.

DÉCRET DE LA FLAMME DE GUÉRISON

Afin de renforcer la sphère verte, vous récitez le décret de la « Flamme de guérison » qui consolide l'action extérieure de guérison de la forme-pensée de guérison.

Il se compose de deux strophes et d'un refrain répété après chacune d'elles. Comme précédemment, vous commencez par une invocation spécifiant la situation ou le nom de la personne concernée :

Bien-aimée, puissante et victorieuse Présence de Dieu, JE SUIS en moi, Moi christique sacré de toute l'humanité, Archange Raphaël et les anges de guérison, bien-aimé Jésus le Christ, Mère Marie, je décrète :

Flamme verte de guérison,
Présence JE SUIS si sereine,
Verse sur moi ta miséricorde,
Que la vérité corrige tout.

Refrain
Flamme de bénédiction sublime,
Que mon esprit médite sur toi,
Servant mes frères encore et encore
Dans la plénitude de ton pouvoir.
Flamme de guérison consacrée,
Garde mon être dans l'harmonie pure,
Miséricordieux pour mes frères
Par la grâce du désir de Dieu.

Flamme de guérison, viens en moi,
Vie ardente, renais en moi ;
Dieu en moi, rends-moi parfait,
JE SUIS et guéris toute âme.

Refrain
Flamme de bénédiction sublime,
Que mon esprit médite sur toi,
Servant mes frères encore et encore
Dans la plénitude de ton pouvoir.

Flamme de guérison consacrée,
Garde mon être dans l'harmonie pure,
Miséricordieux pour mes frères
Par la grâce du désir de Dieu.

Le premier paragraphe, ou préambule, doit se réciter avant le mantra. Il permet d'invoquer Dieu, de lui dire pourquoi vous le faites et de lui demander qu'Il intercède. Dans un deuxième temps, le mantra va soutenir l'action de guérison tandis que sa répétition va permettre d'attirer la lumière divine.

Lorsque vous récitez un préambule, vous vous donnez à Dieu et à ses anges qui, en retour, vous offrent la lumière et la guérison. À cette fin, vous devez prier avec ferveur afin d'ouvrir le chemin de votre cœur. Imaginez-vous en train de nettoyer un chemin à travers la saleté du plan terrestre et toute sa densité, à travers les mémoires et les vibrations de la ville. Imaginez-vous en train de creuser un tunnel de lumière qui vous mène directement au cœur de Dieu. Chaque jour, en renforçant ce lien, vous instaurerez une communication avec Dieu qui jamais ne cessera.

Lorsque vous aurez récité ce décret plusieurs fois et que vous l'aurez mémorisé, vous pourrez le réciter les yeux fermés et concentrer votre attention sur la manifestation physique de ce que vous visualisez.

Si quelqu'un vous appelle pour vous annoncer que l'un de vos proches vient d'avoir une crise cardiaque ou une attaque d'apoplexie et se trouve à l'hôpital, invoquez aussitôt la forme-pensée de guérison et visualisez-la sur le cœur ou sur le cerveau de ce proche :

> ***Au nom de Jésus-Christ, du bien-aimé Archange Raphaël, de la bien-aimée Mère Marie, placez votre forme-pensée de guérison sur*** *[spécifiez le nom complet de la personne, si vous le connaissez].*

Récitez ce mantra de guérison tout en visualisant la forme-pensée de guérison sur cette personne.

Je reçois régulièrement de nombreux appels de mes étudiants, partout à travers le monde, qui me demandent de les aider et de leur révéler les prières de guérison à réciter en cas d'accidents graves, de situations de vie ou de mort, d'accouchements difficiles, etc. Je les assiste de mon mieux et il m'arrive de faire certaines invocations par téléphone pour ceux qui ont le plus besoin d'aide.

Il m'est impossible d'évoquer ici tous les témoignages et toutes les personnes ayant reçu un soutien et des soins grâce aux prières et à l'intercession de Dieu et de ses anges.

L'efficacité de cette science n'est plus à démontrer ; il faut simplement l'éprouver et s'en servir sans relâche. Pour accéder à la vision intérieure, vous devrez peut-être modifier votre alimentation, réduire ou éliminer les produits laitiers ou la viande rouge afin de ne pas charger votre corps de toxines, de substances acides ou d'aliments qui pourraient l'encombrer.

Dieu nous a donné le pouvoir de la visualisation. Malheureusement, des éléments extérieurs, comme la télévision ou le cinéma, peuvent atrophier nos capacités imaginatives, triste exemple du joug de la technologie moderne qui prive les gens de leurs pouvoirs innés.

Parfois, certaines personnes auxquelles je demande de visualiser une aura, un organe, me répondent : « J'ignore comment faire. Expliquez-moi. » Je leur réponds de commencer par le plus simple et d'imaginer, par exemple, une croix : « Dessinez une croix. Fermez les yeux. Pouvez-vous la voir ? » Si cette personne peut la voir, cela dépend si elle a développé ou non sa faculté d'imagination. C'est absolument incroyable de voir à notre époque comment la technologie a dépossédé les gens de leurs pouvoirs intérieurs.

Lors d'une crise cardiaque, la visualisation de la sphère blanche produit une énergie purifiante destinée à reconstituer la géométrie du cœur original et parfait conçu par Dieu.

La sphère bleue sert à protéger, à établir la volonté divine et à commander aux atomes, aux molécules et aux cellules de s'aligner sur le modèle original parfait. Enfin, la sphère verte renforcera l'action de guérison externe.

Voici le témoignage d'une étudiante qui utilisa avec succès la forme-pensée de guérison :

« *En 1983, ma sœur m'appela un jour pour m'annoncer que le médecin venait de lui diagnostiquer un cancer du poumon. Elle était désespérée. J'essayai de la rassurer et lui expliquai qu'il n'y avait aucune raison qu'elle meure, que Mère Marie avait le pouvoir de la guérir et que j'allais prier pour elle et lui envoyer des images de la forme-pensée de guérison. Je lui demandai si elle pouvait la visualiser sur ses poumons.*

Elle me répondit qu'elle en était capable. Je m'adressai alors aussitôt à Mère Marie et lui dis qu'à compter de ce jour, je la prierai quotidiennement jusqu'à la guérison de ma sœur. Dès lors, je récitai deux fois par jour des neuvaines et trois décrets de guérison, douze fois chacun.

Deux semaines plus tard, après une nouvelle série d'examens, ma sœur m'appela : « Les dernières analyses ont été négatives. Les médecins pensent qu'il y a eu une erreur. »

Autre exemple de l'utilisation de la forme-pensée de guérison

« En 1986 je travaillais dans une agence d'assurance, à Minneapolis. Bill, le chef de mon service, et sa secrétaire, Loïs, étaient des gens très agréables. Un matin, Loïs me raconta que l'épouse de Bill luttait pour la seconde fois contre un cancer de la gorge. Une échographie avait confirmé la réapparition de tumeurs et elle devait se rendre deux semaines plus tard à la clinique Mayo, à Rochester, pour une intervention.

Quand Loïs m'expliqua que Bill était très inquiet pour sa femme, je sus aussitôt que je devais prier Mère Marie afin d'intercéder pour elle. Je demandai à Loïs si elle était d'accord pour prier avec moi si je lui apportais une image de la forme-pensée de guérison. Séduite par l'idée, elle me confia savoir que les couleurs avaient elles aussi un pouvoir de guérison.

Je lui apportai l'image et lui demandai de visualiser la forme-pensée de guérison sur la gorge de l'épouse de Bill tout en priant pour son rétablissement. J'écrivis également une requête à Mère Marie. »

Une requête à Mère Marie consiste à écrire une lettre en commençant par ces mots : « Bien-aimée Mère Marie, je te demande au nom de cette personne », puis poursuivre par une demande concrète et vous engager – auprès d'elle, d'un ange ou de n'importe quel maître ascensionné – à réciter certains décrets ou mantras qui insuffleront à la personne en souffrance l'énergie nécessaire pour obtenir sa guérison. Brûlez ensuite la lettre dans un lieu sûr, en demandant aux anges qu'ils l'apportent à Mère Marie. Ainsi, Loïs promit de réciter les décrets de guérison et le décret du Baume de Galaad pour l'épouse de Bill jusqu'à ce qu'elle soit guérie.

« Deux semaines plus tard, Bill emmena comme prévue son épouse à Rochester. Après l'intervention, il appela le bureau et annonça à Loïs qu'aucune des tumeurs n'était maligne. Selon lui, il s'agissait d'un miracle. Loïs vint aussitôt me voir. Elle rayonnait et me répéta ce que Bill venait de lui raconter : " Tu as réussi, me dit-elle, tu lui as sauvé la vie. " Je lui assurai que je n'étais pas l'acteur principal de ce miracle et que ses prières et ses visualisations de la forme-pensée de guérison, associées aux miennes, avaient permis à Mère Marie d'ancrer la lumière de guérison divine dans le corps de l'épouse de Bill. »

COMMENT OPTIMISER LES GUÉRISONS

Vous obtiendrez de meilleurs résultats si vous priez régulièrement Dieu et ses anges, si vous leur donnez des missions et maintenez vos chakras accessibles à Dieu plutôt qu'à la contamination du monde.

Il y a tant de personnes en situation d'urgence à travers le monde que j'ai créé des images avec ces mantras inscrits au dos. Beaucoup de gens ayant du mal à visualiser la forme-pensée de guérison, des images permettent d'y accéder ; vous pouvez les utiliser, ainsi que celle de l'Œil-de-Dieu-qui-voit-tout.

Lorsque vous vous rendez auprès d'un malade, placez l'image de la forme-pensée de guérison sur la partie de son corps qui nécessite des soins et celle de l'Œil-de-Dieu-qui-voit-tout sur son front, ou n'importe quelle autre partie de son corps. Bien entendu, vous ne devez agir qu'avec son consentement.

LA FLAMME VIOLETTE

Dans mon livre *La Science du Verbe,* se trouvent des images de la forme-pensée de la guérison, de forme-pensée de résurrection et de la forme-pensée de la flamme violette.

Sur l'une d'elle apparaît un cœur entouré de la flamme violette. Lorsque vous priez pour la guérison d'une personne, vous devez aussi invoquer cette flamme.

Feu spirituel du Saint-Esprit, dotée d'un pouvoir purificateur, elle peut transmuer les imperfections de l'esprit, du cœur et du corps, et faciliter la guérison si elle est utilisée parallèlement aux pratiques de la médecine traditionnelle.

L'un des décrets les plus efficaces est le décret « Encore plus de flamme violette ». Utilisez le troisième œil pour visualiser cette flamme autour de vous ou autour de la personne pour laquelle vous priez :

ENCORE PLUS DE FLAMME VIOLETTE

1. Bien-aimée Présence JE SUIS en moi,
Viens, entends-moi.
Je décrète :
Fais jaillir tous les bienfaits que j'invoque
Sur le Moi christique sacré de tous.

2. Que le feu violet de la liberté
Circule et harmonise le monde.
Sature la terre, ses habitants
Du rayonnement brillant du Christ.

3. JE SUIS cette action de Dieu là-haut,
Soutenue par la main d'amour du ciel,
Transmuant les causes de la discorde,
Purifiant les cœurs pour que nul n'ait peur.

4. JE SUIS, JE SUIS, JE SUIS
Le pouvoir d'amour de la liberté
Élevant toute la terre vers les cieux.
Flamme violette qui brille maintenant,
La beauté vivante, lumière de Dieu,

5. Qui maintenant et pour toujours
Rend le monde, moi-même et toute vie,
Éternellement libres dans la perfection des maîtres.
Tout-puissant JE SUIS !
Tout-puissant JE SUIS !
Tout-puissant JE SUIS !

MANTRA DU BAUME DE GALAAD

Pour guérir la femme de Bill, cet étudiant utilisa le Baume de Galaad - mantra qui a joué un rôle décisif dans la guérison de l'épouse de Bill. Offrez à nouveau vos prières avant de réciter ce mantra.

INVOCATION

Puissante Présence JE SUIS, que l'amour de Dieu purifie nos cœurs, transmue toute insensibilité du cœur, toute absence de miséricorde et de pardon. Que notre cœur soit l'instrument de la miséricorde, de l'amour et du pardon. Que nos cœurs soient un calice élevé vers Dieu, toujours rempli de lumière afin que nous puissions l'offrir en abondance à ceux qui sont dans le besoin.

Seigneur, nous récitons ce Baume de Galaad comme l'Amour divin offert à tous ceux qui en ont besoin.

PRIÈRE DU BAUME DE GALAAD

Amour de Dieu, amour immortel,
Enveloppe les hommes de ta Présence ;
Offre-leur ta compassion
Pour les élever aujourd'hui !
Par ton pouvoir absolu,
Éclaire de tes rayons
Tous les habitants de la terre
Où la vie semble assombrie !
Que la lumière de Dieu brille
Pour soulager leurs peines ;
Revêts-les, élève-les
De ton puissant nom JE SUIS !

ACTION DE GUÉRISON DE L'ARCHANGE RAPHAËL

Dans ses dictées, Raphaël nous dit : « Nous venons pour la guérison de l'âme, [...] de l'esprit et du cœur [...], le reste suivra jusqu'à la guérison du corps. » « L'ultime guérison est une guérison de l'être spirituel aussi bien que physique. »

Mère Marie nous dit : « Rappelez-vous de faire appel à Dieu, à nous et aux anges, pour vous guérir là où la guérison est possible, et si la Loi ne permet pas la guérison du corps, demandez-leur [...] la guérison de l'âme et de l'esprit. » Elle nous dit de prier pour qu'à l'heure de notre mort, notre âme soit libérée et puisse rejoindre les sphères célestes de la gloire et de l'édification, et se préparer ainsi à son dernier passage sur la terre avant l'ascension. « Ce que nous recherchons, c'est la guérison de l'homme tout entier. » Ses paroles nous indiquent qu'à moins d'unir nos prières ou de bénéficier d'un état de grâce qui permettrait de résoudre notre karma, ce dernier limitera notre action.

LE KARMA ET LES MALADIES

Lorsque Raphaël nous parle du karma, il nous explique que peu de gens croient en la « science du karma » et que la plupart d'entre nous sont simplement incapables de saisir l'importance de son rôle dans notre guérison. Selon lui, « le facteur déterminant » qui intervient dans le fait qu'un individu sera sauvé ou mourra « relève de l'ensemble de ses conjonctures karmiques ».

Le karma apparaît toujours dans un moment inopportun. Je ne l'ai jamais vu descendre sur qui que ce soit à un moment qui ne l'était pas (une bonne raison de ne pas cumuler un karma négatif). Le karma revient après des cycles qui s'étendent sur des dizaines de milliers d'années avant qu'il ne vous revienne, que ce soit dle karma fait sur l'Atlantide ou lors d'anciennes civilisations. Lorsqu'il réapparaît, ceux qui le subissent se demandent pourquoi le Seigneur les soumet à une telle épreuve, alors que ce karma est tout simplement l'ensemble de causes déclenchées par l'homme et qu'il revient à son point d'origine, une sorte de cycle perpétuel dans lequel nous payons les accumulations karmiques de nos ancêtres.

Raphaël explique que parfois « la Loi ordonne que le karma soit [...] équilibré en cet instant précis ». Mais si vous ne vous préparez pas par la prière en faisant acte de contrition ou en invoquant la flamme violette, ou si vous effectuez votre travail sans enthousiasme, peut-être la lumière divine ne sera-t-elle pas suffisante pour éclairer l'obscurité qui, subitement et rapidement, menace d'envahir votre corps.

Nous devons accumuler les feux du cœur et de la résurrection grâce au bhakti yoga et à la dévotion. Et une des façons de manifester cette dévotion est de chanter des hymnes ou chants spirituels. Et ce n'est pas en vain que nous instaurons ces habitudes. Ainsi, nous offrons notre cœur à Dieu, nous développons un élan vers lui et nous sommes prêts pour le moment où nous devrons faire face à une urgence. Un jour, nous pouvons nous retrouver dans les sphères célestes après avoir franchi brusquement la scène de la vie, uniquement pour n'avoir pas su préserver la lumière nécessaire à la survie de notre corps.

Connaissez-vous une seule personne n'ayant jamais traversé une période de crise dans sa vie personnelle ou familiale ? Préparez-vous à subir ces épreuves en intensifiant la lumière dans votre corps grâce à un karma équilibré en servant la vie sur terre. Comme le dit Raphaël : « Ceci est la véritable signification des paroles de Jésus à ses disciples : “ Soyez à l'œuvre pendant que vous avez la Lumière ”. »

Lorsque la Lumière et la force habitent votre corps et vos chakras et que vous parvenez à équilibrer votre karma, suivez les conseils du Christ. Ne gaspillez pas cette énergie mais utilisez-la pour vous rapprocher de Dieu. Raphaël explique qu' « équilibrer votre karma quand vous en avez la force peut modifier votre situation karmique ».

Il nous dit également : « Chaque âme doit affronter son Dieu et son karma. Pour cela, vous devez apprendre à connaître les pouvoirs de l'intercession divine tout en sachant que cette intercession aura toujours un prix. » Tout comme le karma a un prix. « N'imaginez pas pouvoir invoquer aujourd'hui la flamme violette pour libérer votre conscience puis, lorsque vous serez guéri, recommencer les mêmes erreurs et l'invoquer à nouveau. »

Cette invocation ne sert pas à nous laver de nos erreurs répétées par négligence. Selon Raphaël, la Loi décrète à un moment donné que vous ne recevrez plus de flamme violette si elle a été gaspillée ou utilisée avec inconséquence. En revanche, si notre cœur est sage et si nous sommes déterminés, elle nous permettra de nettoyer à jamais les taches qui noircissent notre conscience. Ne plus céder à nos faiblesses requiert une immense volonté qu'il est possible d'attacher au pouvoir de la volonté de Dieu.

Certains praticiens de la guérison dans le domaine de la métaphysique ont recours à la prière, à l'hypnose ou au pouvoir de l'esprit pour nier l'existence de la maladie : « Persuadez-vous qu'elle n'existe pas et elle cessera. » Certains se soignent ainsi, par le pouvoir du déni. Mais ce que les maîtres [ascensionnés] nous disent, c'est qu'un tel comportement ne fait que repousser la maladie vers le corps astral ou le double éthérique, et que ce karma vient s'y loger car il a été démenti. La personne semble alors aller bien, se sent bien, ne fait pas l'expérience de la maladie due à son karma mais n'équilibre pas davantage celui-ci. Notre karma se transforme en maladie afin que nous puissions le résoudre et ne pas être obligés de l'emporter avec nous dans une prochaine vie.

Ceux qui nient leur maladie – d'autant plus efficacement qu'ils sont déterminés – devront revenir sur terre afin de l'équilibrer.

Ce que la tradition occidentale ne nous enseigne pas est que nous sommes tous responsables de notre libre arbitre, de l'exercice de notre libre arbitre et de la manière dont nous utilisons la Lumière de Dieu qui circule en nous par le cordon de cristal (visible sur la Représentation du Moi divin[1]).

La manière dont nous utilisons cette Lumière et cette énergie, et dont nous la qualifions – négativement ou positivement – constitue le facteur déterminant de ce que nous aurons à affronter demain, dans dix ans et après cette vie.

Nous pouvons utiliser la flamme violette pour résoudre nos problèmes physiques, mentaux et psychologiques, car cette flamme nous a été donnée pour transmuer notre karma. Si nous y parvenons avant qu'il n'engendre un désastre, nous en tirerons profit. Pour y parvenir, récitez

1. Voir la Représentation du Moi Divin.

les décrets de la flamme violette quinze ou trente minutes par jour. Aidez les autres, mettez de la joie dans votre travail, ayez une attitude mentale positive et partagez-la avec les autres, ça c'est une façon d'équilibrer son karma. La flamme violette permet d'accélérer l'équilibre du karma.

COMMENT CONCEVOIR UN ENFANT POSSÉDANT UNE RÉALISATION SPIRITUELLE SUPÉRIEURE

S'il m'est arrivé d'appeler le Maître ascensionné El Morya pour venir en aide à des couples mariés qui voulaient avoir des enfants et recherchaient son parrainage. Il lui est arrivé plusieurs fois de leur transmettre des messages par mon intermédiaire et, notamment, de leur conseiller d'invoquer pendant six mois la flamme violette au nom de certaines âmes avec lesquelles ils avaient un karma difficile.

Il leur demandait de prier pour ces âmes ou une âme en particulier et de multiplier les décrets de la flamme violette afin de transmuer le karma qu'ils avaient avec elles pour que celui-ci ne demeure pas dans leur famille.

Les couples ayant prié pour les personnes avec lesquelles ils ont des « divergences » peuvent donner naissance à des enfants libérés de leur

La Vierge du Globe

poids karmique, qui pourront ainsi bénéficier d'une vie meilleure.

Ceci permet de saisir à quel point la vie est précise, et de comprendre, aussi, pourquoi les enfants d'une même famille se révèlent parfois si différents. Vous pouvez voir des gens si différents dans les familles parce que les parents ont du karma avec leurs enfants et que leur karma exige qu'ils donnent naissance à ces âmes-là.

DÉCRET DE PROTECTION POUR LA JEUNESSE

Parmi ses requêtes, la Mère Marie nous demande de prier quotidiennement pour la protection de tous les enfants du monde. À cette fin, il existe un décret essentiel appelé le décret de la « Protection de la jeunesse ».

Père céleste bien-aimé !

Père céleste bien-aimé !

Père céleste bien-aimé !

Prends le commandement de la jeunesse aujourd'hui.

Fais briller en elle le rayon de l'opportunité,

Propage le pouvoir tout-puissant de la perfection,

Amplifie l'intelligence cosmique à chaque heure,

Protège, défends le dessein de Dieu en elle,

Intensifie le plan divin.

JE SUIS, JE SUIS, JE SUIS
Le pouvoir de la lumière
Brillant dans la jeunesse,
Démontrant la preuve cosmique
Juste et acceptable,
Le pouvoir de la lumière cosmique
À chaque enfant et homme-enfant
Dans notre pays et dans le monde !
Bien-aimé JE SUIS !
Bien-aimé JE SUIS !
Bien-aimé JE SUIS !

Rappelez-vous que lorsque vous récitez un décret, vous demandez à la Lumière de Dieu, au nom de votre Présence JE SUIS, la Présence de Dieu individualisée pour chacun de nous.

La Bible nous dit que Jésus parlait avec autorité (ce qui m'impressionna dès mon plus jeune âge) et non pas comme les scribes. Lorsque je réussis à comprendre les décrets, je réalisai que ce n'était pas moi qui m'exprimais avec autorité mais le pouvoir de ma Présence JE SUIS qui les récitait par mon intermédiaire. C'est ce qui arrive lorsque vous êtes en unité avec Dieu.

Vous entendez votre Moi supérieur réciter ces décrets et vous ressentez qu'il a un grand pouvoir et et une grande autorité pour commander à la Lumière et aux anges.

Ce décret s'adresse à notre Père Céleste, en faveur de la jeunesse du monde. Lorsque je vous l'aurai appris, vous pourrez le réciter pendant que vous vous livrez à vos tâches quotidiennes, trente, quarante ou cinquante fois par jour, en sachant qu'il permet de protéger d'innombrables jeunes, mais aussi d'améliorer votre karma et de vous permettre de tirer le meilleur profit de l'instant présent.

LA CAPACITÉ DES JEUNES ENFANTS À VOIR LES ANGES

Grâce à leur innocence, parce qu'ils n'ont pas encore suffisamment vécu pour que leur corps ait été contaminé, qu'ils possèdent encore la vision intérieure et que leurs chakras sont encore purs, les enfants sont souvent capables de voir les anges.

Si leur fontanelle n'est pas encore fermée, les plus petits peuvent même percevoir le pouls de Dieu et sentir autour d'eux la présence des anges.

J'ai une histoire amusante à vous raconter. Nous avions parlé d'expériences vécues avec les anges en allant dans les retraites [éthériques] la nuit. L'une de mes filles s'est réveillée un matin débordante d'enthousiasme parce qu'elle avait vu Mère Marie pendant la nuit.

Elle me dit : « Maman, le mari de Mère Marie est vert ! »

Sophy Burnham publia dans son livre *Angel Letters* l'histoire d'une fillette qui avait vu un ange :

« Le 20 septembre 1990, ma fille de trois ans sortit jouer dans notre jardin. Alors que je la regardais à travers la baie vitrée, elle revint brusquement en courant, ferma la porte et se baissa comme si quelque chose l'effrayait. Presqu'aussitôt, j'entendis un bruit de chute. Une branche énorme venait de tomber du plus grand arbre du jardin, un orme, juste à côté de l'endroit où elle se trouvait quelques instants plus tôt. Quand je lui demandai pour quelle raison elle avait abandonné son petit 4x4 rouge, elle me répondit sans hésiter : " Une gentille déesse m'a dit de m'éloigner de l'arbre et j'ai fait ce qu'elle m'a dit ". »

La petite fille décrivit ensuite la gentille déesse comme une belle dame avec des ailes qui était descendue du ciel. Ses longs cheveux dorés flottaient autour d'elle et elle était auréolée d'une lumière étincelante.

Selon l'enfant, la lumière était si brillante qu'elle lui avait fait mal aux yeux. Mais quand elle avait touché la dame, celle-ci n'était pas chaude et ne l'avait pas brûlée.

Après cette rencontre, des changements spirituels survinrent chez la fillette qui, selon sa mère, se mit à prier et à dessiner son ange gardien presque chaque jour, à demander, aussi, qu'on lui lise les histoires de la Bible.

Depuis cet événement, il émanait d'elle un « calme serein ».

Les témoignages de personnes ayant reçu l'aide des anges à l'instar de cette enfant sont merveilleux et doivent servir à renforcer notre foi.

MÈRE MARIE

Le nom Marie signifie « aimée de Dieu ». Dans l'Évangile apocryphe de saint Jean, Jésus s'adresse à Marie comme à un ange : « Quand mon père a voulu m'envoyer sur la terre, il demanda à son ange, Marie, de me recevoir. » Selon la théologie catholique, Marie est la « Reine des Anges ». Elle nous dit :

Ma mission sur terre est directement liée à la prière des fidèles. La plus fréquemment utilisée […] est le Je vous salue, Marie.

Il y a eut une si grande confusion entre la fonction de Mère de Dieu et ma personne, considérant d'une certaine façon que dans cette salutation l'humain devient divin. Mes bien-aimés, voici pourquoi est née la tradition de faire appel à moi. Ce n'était pas à cause de ma personne mais en raison de ma fonction. C'est à cause de la fonction que j'occupe en tant qu'Archée du cinquième rayon. Et c'est cette fonction qui a reçu du bien-aimé Alpha le pouvoir d'accorder l'intercession divine.

Les millions d'anges des armées du Seigneur qui portent la flamme de cette fonction, qui servent cette fonction, qui viennent sur la terre pour secourir les âmes en mon nom, répondent à l'appel qui m'est adressé.

L'appel fait à Marie […] revient à invoquer le rayon de la Mère [et de l'archée du cinquième rayon]. Plus spécifiquement, c'est un appel scientifique qui rejoint mon point de contact avec la divinité de notre Père et de Brahma - et du Verbe que je suis aussi devenue.

Je suis non seulement votre mère mais aussi votre amie intime. Prenez ma main, emmenez-moi chez vous, acceptez-moi comme une amie et non comme une divinité ou une icône […]. Considérez-moi comme une simple servante du Seigneur […]. Je suis celle avec qui vous pouvez vous sentir à l'aise. Je m'assoirai à votre table, dans votre cuisine et partagerai une tasse de thé avec vous. Je recevrai ce qui […] est le plus précieux à vos yeux, je l'emporterai dans mon cœur et vous le rendrai auréolé de mon amour. Je vous aiderai au quotidien.

Je suis une mère pour vous, une organisatrice, une administratrice. Je suis une prêtresse à la tête des armées célestes.

Vous me connaissez peut-être dans une ou plusieurs de mes fonctions, mais rappelez-vous par-dessus tout que je vous assiste sur votre chemin personnel, dans l'organisation de votre vie, l'établissement de vos priorités, de votre emploi du temps et de vos forces.

TÉMOIGNAGE D'UNE MÈRE :
« Mère Marie a sauvé mon fils de la drogue »

J'ai reçu de nombreuses lettres témoignant de l'intercession de la Vierge. Dans l'une d'elle, une mère raconte comment Marie a sauvé son fils de l'enfer de la drogue :

« Mon fils Bradley avait seize ans quand j'appris par un voisin qu'il fumait de la marijuana et consommait probablement aussi d'autres drogues. Lorsque je réalisai que tout était vrai, je fus si bouleversée qu'il m'est aujourd'hui encore impossible d'utiliser des mots pour décrire les sentiments que cette nouvelle engendra.

Chez moi, face à mon autel, je demandai presqu'en criant à Dieu de m'aider à sauver mon enfant. Je priai aussi Mère Marie pour qu'elle prenne soin de lui et le dirige sur la bonne voie. Je lui demandai de l'aider à avoir le sens du respect de lui-même et le sens de la responsabilité, de me donner la faculté de voir le concept immaculé pour la vie de mon fils et de garder constamment cette image à l'esprit, quelles que soient les apparences.

Dès que je commençai à prier et à chanter des chants à Mère Marie, je sentis sa Présence à mes côtés. Aussitôt, mes sanglots, mes larmes et ma douleur s'apaisèrent. Je sentis des fourmillements dans mon corps tout entier tandis que je ressentais sa présence, source de soulagement et de bénédiction.

Je vis Mère Marie devant moi avec un enfant dans les bras et je l'entendis dire : « JE SUIS SA MÈRE. »

Elle resta ainsi immobile et me parla comme n'importe quelle autre personne qui se serait retrouvée face à moi. Grâce à elle, j'accédai à un état d'extase, à la connaissance absolue de la victoire de mon fils à laquelle elle me demanda de croire.

Elle se tenait à cinquante centimètres de moi et sa présence tout entière m'enveloppait. Elle resta ainsi environ cinq minutes, puis avant de disparaître, me répéta ces mots: « JE SUIS SA MÈRE. »

Pendant cinq ans, Bradley vécut dans un monde irréel et fut confronté à de nombreux problèmes : incapable de garder un travail. Il eut des accidents de moto, faillit être poignardé au cours d'une rixe dans un bar… puis, brusquement, la situation évolua. Un jour, il vint la voir et ils partirent camper ensemble dans les montagnes de San Gabriel.

« Nous venions de terminer une longue journée d'excursion et regagnions notre tente. Il était environ 21 heures. Ce soir-là, je priai Dieu avec enthousiasme. Je savais que j'étais en train de vivre un moment unique : je détenais l'opportunité de faire évoluer la situation. Je priai aussi Mère Marie afin qu'elle nous protège et lui demandai de me pardonner pour toutes les erreurs et injustices que j'avais pu commettre à l'égard de mon fils dans une vie antérieure. Je lui demandai une dispense pour qu'il renaisse libéré de ce que je lui avais transmis, je lui demandai de détruire le piège de la drogue qui s'était refermé sur lui et de porter son fardeau afin de lui rendre sa liberté.

Plus tard, après avoir récité cette prière, je commençai à ressentir une douleur très vive au côté droit, puis la douleur se déplaça vers mon cœur et mon bras gauche. Très rapidement, elle me paralysa. Je ne parvenais plus à respirer. Je pensais que j'étais en train de mourir. Je vivais une agonie extrême mais j'étais absorbée par la Présence de Dieu qui m'entourait.

Quand, à six heures du matin, Bradley me demanda si j'étais réveillée, j'éprouvai un immense soulagement. Dès que je lui décrivis ce que je ressentais, il partit chercher de l'aide. »

Il courut quinze kilomètres jusqu'au refuge des gardes forestiers et revint en hélicoptère avec sept hommes. A l'hôpital, les médecins ne trouvèrent aucune explication physique à la douleur qu'elle avait ressentie et lui prescrivirent quelques jours de repos.

« Je pense qu'il me fut permis ce jour-là de ressentir toute la douleur physique que j'étais capable de supporter pour résoudre une partie de notre karma. Et je suis reconnaissante à Dieu et à Mère Marie de m'avoir offert cette opportunité. »

Quatre mois plus tard, Bradley appela sa mère pour lui annoncer qu'il entamait une cure de désintoxication. Sa vie changea alors radicalement. Il s'inscrivit à l'université, obtint une maîtrise, puis son doctorat. Il devint directeur exécutif d'une institution consacrée aux problèmes de dépendance à l'alcool et à la drogue. Aujourd'hui, il est marié et a un enfant, il a cessé de boire, de fumer et mène une vie productive. Sa mère conclut ainsi sa lettre :

« J'aimerais dire à toutes les mères désespérées de voir leur enfant plonger dans la drogue et l'alcool que l'espoir existe et qu'il faut aller le chercher dans le cœur de Mère Marie. »

Quelle leçon tirer de cette histoire ? Elle nous démontre que nous pouvons porter le karma d'un être cher, et le porter jusqu'à ressentir une douleur aussi vive que celle de la crucifixion. Cette histoire nous prouve que l'amour d'une mère peut vaincre les forces obscures qui enchaînent son enfant et détruisent son cœur et son esprit. C'est véritablement le cadeau sacrificiel du cœur d'une mère. Si notre cœur déborde de cet amour ultime, nous pouvons porter les fardeaux de nos enfants et de certaines personnes merveilleuses pour les mener à la victoire et sauver leur âme. Existe-t-il un sentiment plus émouvant que de savoir tout ce que Dieu nous permet d'accomplir lorsque notre prière est profonde, que notre cœur supporte une douleur extrême pour ceux que nous aimons ?

QUAND JE ME CONVERTIS À MARIE, LA MÈRE DE JÉSUS

Pour terminer, j'aimerais vous raconter ma propre conversion à Marie, la Mère de Jésus.

Née dans une famille de tradition luthérienne et de parents européens, protestants stricts, je vécus dès mon plus jeune âge des expériences surprenantes telles que le souvenir de vies passées. Interpellée, je partis très tôt en quête de réponses à mes interrogations.

Dans notre village de Red Bank, dans l'état du New Jersey, je rencontrai toutes les personnes susceptibles de m'aider. Je fis le tour des temples protestants, me rendis à la synagogue, à l'église catholique. Séduite par cette dernière, je demandais à ma mère de m'y emmener chaque fois que nous sortions pour faire des courses. Les statues de cette église m'envoûtaient et j'aimais aller y allumer des cierges.

Puis j'entrai à l'université de Boston. J'avais été endoctrinée par les protestants et par l'Église de la Science chrétienne, qui prétendaient que les catholiques adoraient des idoles dont Marie, l'une de ces idoles, et qu'il était mal d'invoquer les saints. Leur discours éveilla en moi des préjugés.

J'allais obtenir mon diplôme de l'université de Boston et m'apprêtais à partir à Washington. J'étais à l'époque accablée par toute cette négativité que j'avais reçue, et particulièrement un jour où j'aperçus dans le métro une représentation de Mère Marie sur une peinture murale dont la légende était « Reine des anges ».

Je m'interrogeai : comment pouvait-elle accepter qu'on la traite comme une idole ? Comment pouvait-elle permettre ce blasphème ? C'est alors que, me promenant sur Commonwealth Avenue, je levai les yeux vers le ciel et la vis.

Marie, la mère de Jésus, sublime et lumineuse. Elle semblait être ma sœur. Vêtue de blanc, elle rayonnait et souriait du plus beau des sourires.

Je frissonnai et un seul regard sur son être de lumière fit fondre mes préjugés. J'éprouvai aussitôt une immense félicité. Je rejoignis alors l'église la plus proche, non pas en marchant mais en courant, et m'agenouillai devant sa statue, comblée de savoir que je n'adorais pas une icône, sachant qu'elle était une personne réelle, un être céleste, la mère de mon Seigneur.

Je m'agenouillai devant elle, lui demandai de me pardonner et décidai de lui faire le don de ma vie, je souhaitais devenir son amie et sa servante. Ainsi naquit ma longue histoire avec Marie, la Mère de Jésus.

ROSAIRE POUR LA NOUVELLE ÈRE

En 1972, alors que j'étais en pleine séance de méditation, Marie vint vers moi et me dicta son « Rosaire scriptural pour le Nouvel Âge ». Dans un deuxième temps, elle me confia une série de rosaires plus courts, d'une durée d'environ quinze minutes. Ces rosaires pour le nouvel âge sont de magnifiques prières dans lesquelles le *Je vous salue, Marie* alterne avec des citations des Saintes Écritures et d'autres prières dictées par les maîtres ascensionnés.

Quand Mère Marie me dicta ses rosaires, elle me dit : « C'est ainsi que j'aimerais que vous récitiez le *Je vous salue, Marie.* » Cette prière diffère de la version catholique traditionnelle qui s'achève sur : « Priez pour nous, pauvres pécheurs, maintenant et à l'heure de notre mort. » Mère Marie m'expliqua : « Vous n'êtes pas pécheurs. Vous êtes des fils et des filles de Dieu. Il est possible que vous ayez péché mais vous n'êtes pas des pécheurs. Vous avez besoin de moi, non pas à l'heure de votre mort mais à l'heure de votre victoire sur le péché, la maladie et la mort. C'est alors que vous devez m'appeler, que vous avez besoin de mon soutien et de ma protection. »

Voici le *Je vous salue, Marie* dans le rosaire du Nouvel Âge :

Je vous salue, Marie, pleine de grâce,
Le Seigneur est avec vous.
Vous êtes bénie entre toutes les femmes,
Et Jésus, le fruit de vos entrailles, est béni.
Sainte Marie, Mère de Dieu,
Priez pour nous, fils et filles de Dieu,
Maintenant, et à l'heure de notre victoire
Sur le péché, la maladie et la mort.

Chaque fois que nous le récitons, nous établissons une « impulsion » de lumière et d'amour qui peut réconforter spirituellement ceux qui sont dans le besoin.

REPRÉSENTATION DU MOI DIVIN

Les trois figures représentées sur cette image[2], sont les figures supérieure, centrale et inférieure. La figure supérieure est la Présence JE SUIS, JE SUIS CELUI QUE JE SUIS, la représentation de la Présence de Dieu individualisée en chacun de ses fils et filles.

La Monade Divine est composée de la Présence JE SUIS entourée par les sphères de lumière (anneaux de couleurs) qui constituent le corps causal.

Le corps causal contient les « trésors de l'homme accumulés dans le ciel », les paroles, les œuvres, les pensées et les sentiments vertueux, la réalisation de soi, la lumière, les énergies pures de l'amour issues des actions du temps et de l'espace (conséquence de la mise en pratique de notre libre arbitre et de l'harmonie de la vie surgie du cœur de la Présence

2. Voir la *Représentation du Moi Divin*, page 104.

et descendue jusqu'à nous pour stimuler notre âme grâce à l'intervention du Christ).

La figure centrale est le Médiateur entre Dieu et l'homme, le Moi christique sacré, le Moi réel ou la conscience christique. Elle a également pour nom le corps mental supérieur ou conscience supérieure.

Ce maître intérieur domine le moi inférieur constitué de l'âme, évoluant dans les quatre plans de la matière grâce aux quatre corps inférieurs (le corps éthérique ou de mémoire, le corps mental, le corps émotionnel ou du désir, et le corps physique) afin d'équilibrer le karma et d'accomplir le dessein divin.

Les trois figures de la Représentation du Moi divin correspondent à la Trinité du Père qui inclut la Mère (figure supérieure), le Fils (figure centrale) et le Saint Esprit (figure inférieure).

Cette dernière figure est le temple du Saint Esprit dont le feu sacré est signalé par la flamme violette qui l'entoure. Cette figure inférieure vous représente en tant que disciple sur le sentier.

L'âme est l'aspect non permanent de l'être qui le devient grâce au rituel de l'ascension. Ce rituel permet à l'âme de s'unir à la conscience christique, puis à la Présence vivante du JE SUIS CELUI QUE JE SUIS, après avoir équilibré son karma et accompli son dessein divin.

Une fois l'ascension accomplie, elle devient l'Incorruptible, un atome permanent du Corps de Dieu. Ainsi, la Représentation du Moi divin est un diagramme qui représente notre passé, notre présent et notre futur.

La figure inférieure est celle du fils de l'homme ou de l'enfant de lumière évoluant sous l'« Arbre de Vie ».

C'est ainsi que vous devriez vous visualiser : debout dans la flamme violette, priant quotidiennement au nom de la Présence JE SUIS et de votre Moi christique sacré afin de purifier vos quatre corps inférieurs en vue de l'union de votre âme avec le Bien-Aimé, votre Moi christique sacré.

La figure inférieure est entourée d'un tube de lumière issu du cœur de la Présence JE SUIS, en réponse à votre appel. Si vous maintenez

La Représentation du Moi Divin

l'harmonie, ce cylindre de lumière blanche assure un champ de protection vingt-quatre heures par jour, qui peut être renforcé par les « Décrets du cœur, de la tête et des mains ».

La triple flamme de Vie est l'étincelle divine envoyée par la Présence JE SUIS, comme le don de la vie, de la conscience et du libre arbitre. Elle est scellée dans la chambre secrète de votre cœur afin que par l'amour, la sagesse et le pouvoir divin qui y sont ancrés, l'âme puisse réaliser sa raison d'être sur le plan physique.

La triple flamme, également appelée flamme christique, flamme de la liberté ou fleur de lis, est l'étincelle de la Divinité en l'homme, son potentiel d'accomplissement christique.

Le cordon d'argent (ou de cristal) représente le courant de vie qui, descendu du cœur de la Présence JE SUIS jusqu'au Moi christique, alimente et soutient l'âme et ses véhicules d'expression dans le temps et l'espace par les chakras. Par ce « cordon ombilical » s'écoule l'énergie divine qui pénètre l'homme par le sommet du crâne et déclenche la pulsation de la triple flamme et le battement du cœur physique.

Lorsque s'achève une incarnation de l'âme dans le monde de la matière, la Présence JE SUIS retire ce cordon afin que la flamme retourne au niveau du Christ et que l'âme, revêtue de son vêtement éthérique, se rapproche de son plus haut niveau de maîtrise où la Grande Loi décidera si le cycle de ses incarnations est terminé.

La colombe du Saint-Esprit descendu du cœur du Père se manifeste au-dessus de la tête de Christ. Lorsque le fils de l'homme monte au ciel, comme le fit Jésus-Christ, il se fond dans le Moi christique sacré. Le Saint-Esprit descend sur lui et les paroles du Père, de la bien-aimée Présence JE SUIS, sont alors prononcées :

« Ceci est mon Fils bien-aimé, qui a toute ma faveur » (Matthieu 3:17).

LECTURES RECOMMANDÉES

ELIZABETH CLARE PROPHET

- Les Anges de protection : l'Archange Michel
- Les Anges de l'illumination : l'Archange Jophiel
- Les Anges guides : L'Archange Gabriel
- Les Anges déchus. Qui sont-ils ? Où vivent-ils ? Que veulent-ils ?

TABLE DES MATIÈRES